Nüsrettin Ala

Taekwon-Do
Sitz des Geistes –
Durchbruch des Geistes

Stärke, Verstand, Einsicht

BoD™
BOOKS on DEMAND

Nüsrettin Ala

Taekwon-Do

Sitz des Geistes –
Durchbruch des Geistes

Stärke, Verstand, Einsicht

Bibliografische Information der Deutschen Nationalbibliothek:
Die Deutsche Nationalbibliothek verzeichnet diese Publikation in der Deutschen Nationalbibliografie; detaillierte bibliografische Daten sind im Internet über http://dnb.dnb.de abrufbar.

© *2016 Nüsrettin Ala*

Herstellung und Verlag: BoD – Books on Demand, Norderstedt

ISBN: 9 783837 030778

Inhaltsverzeichnis

Dieses Buch widme ich allen Kindern dieser Welt

Danksagung:

Mein Dank gilt all denen, die mich bei der Herstellung dieses Buches unterstützt haben.

Taekwon-Do

Kampfkunst Schule

Sitz des Geistes – Durchbruch des Geistes
Stärke, Verstand, Einsicht

Das moderne Taekwon-Do System ist von mir entwickelt worden. Der Sinn des Wortes „Do" hat mich nach langer Zeit durch hartes Training und harte Arbeit im Taekwon-Do Unterricht, damals als Schüler, danach als Meister und Großmeister, erweckt. Ich möchte etwas bemerkbar machen, über das sich vielleicht die Mehrheit ärgert – oder auch nicht; seit dem Entstehen des Taekwon-Do hat dieses sich mehrmals verändert. Deswegen gibt es auch im Taekwon-Do mehrere Stilrichtungen. Das Wort „Do" zeigt uns den „Weg". Taekwon-Do verändert sich durch Innovationen und Entwicklungen im Sinne des „Do".

Ein Taekwon-Do Aktiver, der jahrelang Erfahrungen gesammelt hat passt sich den sportlichen Aktivitäten an.

Jahrelang soll er sich dabei ständig um das „Do" im Zusammenhang mit Taekwon-Do nicht nur bemüht haben, sondern er soll sich persönlich im Training durch geistige Stärke dem „Do" genähert und es immer mehr begriffen haben. Jahrelanges Training, und zwar in der Woche 4-6-mal Training, ist die einzige gerechte Voraussetzung dafür, einen neuen Taekwon-Do Stil zu entwickeln. „Do" ist gleich dem „Weg" der Erleuchtung und Universalität. Mit anderen Worten: Die Ordnung der Dinge und die Zusammenhänge mit dem Taekwon-Do haben hier ihren Ursprung.

Wer nicht die geistige Stärke besitzt in der Woche 4-6-mal im Training ernsthaft zu trainieren, dem wird der Sinn des Wortes „Do" für immer unerkenntlich bleiben.

Man soll mit einem neuen Stil beginnen, der lückenlos ausgeübt wird, dann wird einem die Welt klar und es ist kein Vergleich dazu, einfach einen Schluck Wasser zu trinken.

Eine kurdische Weisheit sagt:

„Wer einen großen Bauernhof mit Viechern verwalten möchte, muss erst das Fundament kennen und die jahrelang gesammelten Erfahrungen in ihre Ordnung in der Zeit setzen".

Jemand, der sich in einem Dojang oder einem Verein zum Taekwon-Do anmeldet, ganz gleich, ob er niedrigere oder hohe Beiträge zahlt, um Taekwon-Do zu lernen, will Kampfsport lernen, gelenkig werden, schnell an Kondition gewinnen und zwar, um den eigenen Traum wahr zu machen. Um richtig zu lernen ist allerdings ein sehr guter Meister die Voraussetzung, der selbst oft im Dojang unterrichtet.

Der Meister selbst muss die Dehngymnastik und die tausendfachen verschiedenen Fuß- und Hand- Techniken mit hervorragender Kondition schnell üben.

Der Schüler, der diesen Anweisungen folgt, wie ich schon oben erwähnt habe, und wöchentlich mehrmals trainiert, wird den erhofften Erfolg haben. Für ihn wird der Weg zum Taekwon-Do sinnvoll, klar und übersichtlich. Also muss sich im Training jeder selbst anstrengen, jahrelang diszipliniert einbringen und danach streben, erfolgreich zu sein. Daher rührt das „Do". Wie überall gibt es auch bei jeder der fünf Disziplinen Niederlagen, aber es gibt auch Siege. Das ist der Sinn des Kampfsportes. So bringt er uns in unserem eigenen Leben näher zusammen. Uns, die wir begreifen, dass im „Taekwon-Do" nur durch höhere Leistung erzieherisches Gedankengut erreicht wird.

Um nochmals das Ganze übersichtlicher zu machen: Taekwon-Do ist keine starre Sportart, die festgelegt

wurde und nicht zu erweitern oder zu ändern ist. Das
Fundament darf natürlich nicht erschüttert werden.
Taekwon-Do Techniken in der Bewegung kann man
auch als Kunst bezeichnen, da der geistig begabte
Mensch stets danach strebt, sich weiter zu entwickeln.
Taekwon-Do ist ein moderner Kampfsport. Vor 1980
hätte keiner im Traum daran gedacht, dass sich je-
mand mehrmals in der Luft drehen und ein Brett in
zwei Metern Höhe zertrümmern kann. Was im 21.
Jahrhundert die richtigen Taekwon-Do aktiven Sport-
ler an Leistung hervorbringen ist einfach erstaunlich.
Wer in den 70er Jahren mit dem Taekwon-Do Training angefangen hat, weiß sehr wohl, wovon hier die
Rede ist.

„Do" ist auch der Weg des Atems, der das Leben
bringt. In der Lehrmethode ist es die geistige und körperliche Überwindung aller negativen Dinge.

Es gibt keinen Kampfsport mit einem starren System. Taekwon-Do gehört auch zu den Kampfsportarten. Das heißt aber nicht, dass sich jeder Meister oder jeder Großmeister unsinnige Bewegungen ausdenken und ins Training einbauen kann, so wie ich es des Öfteren, auch während der Prüfungen, als Zuschauer gesehen habe. Was ich da gesehen habe war oft Grund dafür, dass ich mich schämte und entfernte. Eine Urkunde muss dem Prüfling gerecht werden.

Mehrere Traditionelle (die sich so nennen) Taekwon-Do Schwarz Gürtel Träger (Dan Träger), sprachen mich persönlich an, wie das sein kann, dass sich während der Prüfung Dan-Träger beim Ausführen von Hyongs mehrmals verlaufen und trotzdem die Prüfung bestehen. Meine Antwort war immer: sie kommen doch vom selben Verein.

So ein Prüfer macht äußerlich einen guten Eindruck. Was das Innerliche betrifft, ist den Wenigsten bekannt. Der Kampfsport Taekwon-Do darf nicht missbraucht werden, die Urkunden-Übergabe ist so wertvoll wie die koreanische und die eigene Landesflagge es sind, die der Mensch ehrt.

Der echte Meister hat durch sein enormes Wissen als Lehrer ein gutes Auge. Im Dojang, den er leitet, erkennt er deutlich ob- und welche Schüler Fortschritte gemacht haben und in welchen der fünf Disziplinen sie sich verbessert haben.

Der echte Meister, der sein geistiges und praktisches Wissen durch Leistung im „Do", errungen hat, spürt sofort, wie weit der Schüler sich geistig und körperlich mit dem Taekwon-Do im Einklang eingeordnet hat, ob ein Schüler schwer aufgezwungen Technik und Bewegungen ausführt und auch ob der Schüler Techniken unbewusst anwendet.

Er merkt es auch, wenn ein Schüler die Bewegungen und Techniken klar und deutlich anwendet, mit Verstand und als selbstverständliche Verhaltensweise in der Ordnung durchzieht.

Er merkt bei den Schülern auch, ob sich jemand der Vollkommenheit im Taekwon-Do nähert. Die kombinierten Technik-Übungen, die der Schüler einsetzt, zeigen dem echten Meister, ob ein Schüler den optimalen Trainingsgenuss erkennt oder nicht.

Der Meister im Dojang, der die Übungen des modernen Taekwon-Do Systems in ihrer Reihenfolge und als Ablauf zeigt, fördert seine eigene Ausstrahlung durch Ästhetik und Universalität sowie die der Schüler, und zwar vor allem im Chayo-Taeryon (Freikampf), der alles entscheidet und endet.

Der begabte Schüler wird besonders das Wissen über Korea und dessen Nachbarländer, die asiatischen Geisteshaltungen, Welterklärungen, die Ursachen des Seins und des Urgrundes ins Leben rufen. Durch Chayo-Taeryon werden alle körperlichen Reaktionen, Kenntnisse und Techniken durch geistige Erfahrung und Verfeinerung perfektioniert im Sinne der Freiheit und des Unterwerfens bezüglich der Regeln und Vorschriften. Darüber hinaus entwickelt ein Kämpfer die schöpferische Kraft im Freikampf und zwar im Einsatz, also zielgerichtet. Er nähert sich dem „Do" und setzt seinen Weg fort in Richtung des Gesamtwissens.

Der Schüler, der seine erste Dan Prüfung bestanden hat, steht vor größeren Herausforderungen als bisher. Das Training wird ihn heranbringen und heranführen an die positive geistige Einstellung im Gesamten und ihn zur Wachheit erziehen. Der Schüler wird durch seinen Körpereinsatz seinen Partner mit Respekt und Würde anerkennen. Die geistige und körperliche Entwicklung ermöglichen ihm diesen Fortschritt.

Der Fortgeschrittene wird mit der Zeit die Anfänger lehren, er wird durch seine erlernten körperlichen Fertigkeiten zum Vorbild werden und das Gelernte zum Einsatz bringen. So wird sich ihm der geistige und körperliche Fortschritt in der Auseinandersetzung mit seiner Umwelt kundtun. So wird er auch erkennen und spüren, was für Verbesserungen die Art seiner Entwicklung gebracht hat und welche Steigerung körperlicher und geistiger Stärke und des Verstandes ihn jetzt die Welt erkennen lassen.

Dem fortgeschrittenen Schüler wird auffallen, dass man nur durch einen echten Meister zur wahren Stärke und zur Schärfe des Verstandes gelangen kann. Die Ausbildung zur lückenlosen Erziehung wird er spüren.

Ein echter Meister ist nicht nur Trainer oder Wegbegleiter, der echter Meister im Praktischen und Theoretischen lehrt den Schüler das Wissen über die Zusammenhänge, er verkörpert die Trainingslehre, die Bewegungslehre, er zeigt den Trainingsaufbau, die konditionellen Fähigkeiten, Leistungskontrolle, Kraft, Ausdauer, Schnelligkeit, Beweglichkeit usw.

Durch vielseitiges Lernen erweitert der Schüler nach allen Seiten hin seinen Horizont. So wird die Gesamtpersönlichkeit zum Endziel des positiven Lebens.

So werden die Einsatzmöglichkeiten der optimalen Körperbeherrschung, des Gleichgewichtes und der geistigen Konzentration dem Schüler deutlich sichtbar. Ein Schüler, der bis zu dieser Klarheit vordringt, entwickelt diese Verwendungsmöglichkeiten weiter und für ihn steht die Wirksamkeit im Vordergrund.

Der Schüler wird auch merken und ihm wird spürbar werden, dass nur durch einen echten Meister das Training die geistige Entwicklung über sich hinaus ermöglicht und dabei gelernt wird, die körperliche Ausbildung sinnvoll anzuwenden.

Der Schüler muss sich im geistigen Bereich bewusst werden, die Atmosphäre durch starken Verstand prägen, die ausgeführten Übungen kontrolliert anwenden. Unter dem Kommando „Sijak" wird bei dem echten Meister die Leistung bewusster gestärkt und durch Erfolge motiviert. Ein Schüler, der die geistige Einstellung nicht im Sinne einer Besitzergreifung spürt, wird im Taekwon-Do Training keine Leistung hervorbringen. Im Taekwon-Do Training werden schnelle Übungen mit kraftvoller Wucht ausgeführt. Dabei wird auch die Muskelkraft gesteigert.

Der Schüler gewinnt durch seine eigene Persönlichkeit und durch die Fortschritte in seiner Entwicklung die Fertigkeit, die wichtigsten Techniken bewusst auszuführen, einen gesunden Geist zu fördern und in Form positiven Denkens einzusetzen.

Die DMTS Verteidigungstechniken und Angriffe ergeben ein umfangreiches Training und auch die Kombinationsmöglichkeiten werden genauer. Beispielsweise dann, wenn die Schüler ihre Übungen mit dem Partner üben und dabei ein klares Ziel erkennen und sehen, wie all das Gelernte sinnvoll einzusetzen ist.

Das im Training Erlernte bestimmt, dass mit guten Gedanken die Reaktionen auf Bewegungen selbstbewusster durchgeführt werden. Und zwar im Gruppen Training oder beim Einzelnen, der mit einem Partner zum Beispiel Ilbo-Taeryon oder Hosinsul, Angriff und Abwehr, trainiert. Alles ordnet sich im einwandfreien Einsatz und erfolgt, ohne sich und den Partner zu verletzen. Dabei wird die genaue Entfernung zum Angriff des Partners erkannt, die Verteidigung wird mit bewussten Ausweichbewegungen durchgeführt und dem klaren Blick des Auges unterworfen, das das Ganze geordnet erkennt. Besonders im Chayo-Taeryon wird das Erlernte überlegt umgesetzt und dabei tritt die Schnelligkeit in den Vordergrund.

Durch die Entwicklung im Taekwon-Do nimmt ein geschulter Körper den gesamten Stress z.B. als Verspannung wahr und löst diese durch gezieltes Training frühzeitig. Durch ein Taekwon-Do Training in seiner Entwicklung gelangt der Schüler zur inneren Ruhe und weit darüber hinaus hilft es dabei dem gesamten Organismus zu einer entspannten Lebenshaltung und gesunden Köperhaltung im Leben.

Das moderne Taekwon-Do System Training verhilft dem Schüler aus seiner Müdigkeit und verhindert die Trägheit. Im Dojang wird durch permanentes Trainings und dem bewussten Trainingsaufbau vom Schüler verstanden, wie man lernt, den Stress in unserem

Körper abzubauen, so dass wir nicht den Weg der Flucht einschlagen sondern uns verteidigen.

Nimmt ein Schüler die Vorstellung des Angriffes, der die Übungen auslöst, ernst und führt daraufhin die Übungen voll konzentriert aus, so wird während dieser Aufgabe erfolgreich auf Körpervorgänge reagiert, schnell Energie bereitgestellt und sie führt zum Erfolg des Schülers. Dadurch werden Körper und Geist harmonisch gestimmt und auf ein Ziel ausgerichtet. Das ist ein Vermeiden des Zweigesichter-Daseins, es gibt kein Mobbing und keine Unruhe Stifter. Es führt zu Verbesserungen im familiären Bereich, zu beruflichen Erfolgen, bewahrt davor, in die Einsamkeit zu fallen, fördert Anerkennung, Achtung, führt zur Überwindung von Nervosität und Schlafstörungen.

Dem Schüler wird mit der Zeit immer bewusster, wie wichtig Taekwon-Do ist, welche Übungen die körperliche Bewegung fördern und zu einer gesunden Gedankenwelt hinführen und es reift die Entwicklung hin zum Verständnis und zur Beherrschung der Zusammenhänge von Taekwon-Do und Leben. Der Schüler fühlt sich reif und freier, er befreit sich von Hindernissen und Hemmungen.

Für den Schüler ist Konzentration angesagt, also wird das Zentrum des Körpers bewusster empfunden, der Verstand stabilisiert sich in starken Ansichten und durch die Intelligenz des Geistes. Vor allem während des Kampfes trainiert man die psychische und physische Stabilität, doch ebenso während der ernsthaft gelaufenen Hyong und beim Kyek-Pa. Konzertiertes Ein- und Ausatmen ermöglicht es, die Ermüdung zu überwinden. Das echte Wachwerden führt zur wahren Ausdauer.

Der Schüler wird durch seine Bewegungen erkenntnisfähig. Beim optimalen Einsatz erweitert sich die bereits vorhandene Einsicht in Richtung Vollkommenheit. Die Fertigkeiten des Körpers erweitern sich,

damit dehnen sich die gedanklichen Möglichkeiten
aus und führen zur Übersicht, zum Einfühlungsver-
mögen und zur universalen Einsatzfähigkeit des Erlernten in seiner Gesamtheit.

Je intensiver der Schüler sich im Dojang unter der
Anleitung des Meisters bewegt, desto sichtbarer bildet
sich seine körperliche Entwicklung so wie seine geistige Arbeit aus. Die Wirkung des Erlernten wird gesteigert und der Wirkungskreis erweitert. Dem Schüler wird klar und deutlich wie wichtig es ist, sich der-
artige Erfahrungen näherzubringen. Ein solches Training verbessert natürlich die Möglichkeiten des Schülers, es erweitert seinen Horizont, fördert die körperliche und geistige Entwicklung, und bringt im gleichen
Ausmaß eine Entfaltung des Wirkungskreises mit
sich.

Im Das moderne Taekwon-Do System ist ein Fortge-
schrittener ab dem 1.Dan Meister. So werden alle
Farbgurte gleich gestellt. Verstand und Stärke werden
durch das Wissen um die Übungen und Formen als
selbstverständlich im Vordergrund anerkannt.

Im DMTS Taekwon-Do steht es Meistern und Schülern frei, wie sie ihren Partner grüßen, also ob sie sich
neigen oder verbeugen. Der Gruß zeigt, wie weit sich

jemand einer Unterordnung nähert, die zum Zentrum des „Do" führt und Anerkennung, Achtungsbezeugung und Persönlichkeit zum Ausdruck bringt. Der Gruß verkörpert einen Gedankenwert aus zusammengeballter Stärke und dem Verstand in seine geistige Verdichtung.

Die Feinheit des Wissens im Taekwon-Do ist im Taekwon-Do selbst.

Die vier Elemente im Das moderne Taekwon-Do System gehen auch mit der Ordnung in vier Bereichen der Lebensweise des Menschen einher. Sie sind das Fundament einer Ordnung der Dinge, der Grundstein der Lebensweise, der „Weg", und alle Dinge dieser Welt drehen sich um vier Aspekte, um die es geht, die man wahrnimmt und begreiflich macht: Essen, Trinken, Schlafen, und Familie.

Im Das moderne Taekwon-Do System ermöglichen die Trainer durch den bewussten Trainingsaufbau den Schülern eine intensive Körperempfindung, sie führt zum Körperbewusstsein und Daseinsgefühl. Im Dojang treibt der positive Einfluss des Trainers alle, die trainieren in die Vervollkommnung.

Ein wissender Taekwon-Do Aktiver, der sich in einer Gruppe von unwissenden trainierenden einmischt wird spüren, dass die Unwissenden zusammen halten. So wird der Wissende allein sein. So wie im wahren Leben.

Während einer Busfahrt von Istanbul nach Ankara sagte mir ein türkischer Jura-Student, der sich die Zeit für ein Gespräch mit mir nahm: Ein verbüffelter Mensch ist immer einseitig. Das wird immer zu all den negativen Dingen dieser Welt führen (1987).

Im Das moderne Taekwon-Do System ordnen sich Meister und Schüler in der Prüfung geistig und kör-perlich ein in eine Gesamt-Vollkommenheit im Dojang und zwar hinsichtlich aller Aspekte, welche die Prüfung angehen.

Im DMTS zählen die Träger der Gürtel Farben Weiß, Gelb, Grün, Blau, Braun nicht zu den Fortgeschritte-nen. Als Fortgeschrittene zählen Träger des Dan Gra-des, das sind zugleich Meister-Trainer, 1-4 Dan. Ab dem 5. Dan trägt ein Taekwon-Do Aktiver den Groß-meister Grad und ist ab dem 5. bis zum 9. Dan. gleichzeitig auch Prüfer.

Die Prüflinge sollen vom Beginn bis zum Ende ihrer Prüfung gerecht werden. Durch spirituelle Kraft und ein bewusstes Daseinsgefühl zeigen sie ihre Fortschritte. Erkennbar wird die Feinheit des Wissens im Taekwon-Do dadurch, dass man sich der Prüfungsordnung lückenlos unterordnet.

Die Taekwon-Do Grundidee steht im Zusammenhang mit dem Wort „Do" und das heißt, dass die Entwicklung ein Teil davon sein soll und zwar in allen fünf Disziplinen,
Die geistig und körperlich hervorgebrachten Leistungen in ihrer Feinheit und Echtheit sind das feste Fundament im Taekwon-Do. Das Wort „Do" soll die größte Aufgabe sein, um den Aktiven zu erwecken.

Kampfkunst Schule

Im Taekwon-Do müssen alle fünf Disziplinen vorhanden sein. Falls eine fehlt, verliert das Training das Gleichgewicht und kippt. Besonders Chayo-Taeyon steht im Vordergrund im Taekwon-Do. Ohne Chayo-Taeryon in seiner Echtheit kann man einen Kampfsport nicht ausüben. Es geht kein Weg daran vorbei. Ausreden und ausweichende Sprüche verhelfen zu nichts. Ich betone nochmals: Chayo-Taeryon ist fundamental und damit meine ich den Freikampf oder den Vollkontaktkampf. Alles, was im Dojang trainiert

wird, geistige und körperliche Fertigkeiten, alles entscheidet sich und endet im Chayo-Taeryon.

Alle erlernten Techniken sowie körperliche Fitness
führen zum Übersichtsvermögen und sind zudem ziel-

gerichtet. Mit Geschicklichkeit ausgeführt und bereichert durch die eigenen Erfahrungen im Sinne einer gewollten Verfeinerung führen die Techniken bis hin zur Perfektion, unabhängig zu handeln.

Zum Taekwon-Do zählen durchdachte Angriffe, eine darauf abgestimmte, zielgerichtete Verteidigung und sinnvolle Ausweichbewegungen. Es stellt sich die Frage: Wie entdecke ich die Schwäche meiner Gegner? Der Angriff darf also nicht blind erfolgen, Scheinangriffe verhelfen oft dazu, dass man den Gegner dazu bringt, seine Stellung zu verändern und ihn in seine Schwäche zu zwingen. Der Meister muss also seinen Verpflichtungen nachkommen. Er muss dem

Schüler klar machen, dass der Weg zum Erfolg führt und zwar durch Training, Willenskraft, Motivation, Wollen und durch die Geduld dafür, das Ziel zu erreichen.

Großmeister Nüsrettin Ala Träger des 7. Dan
Das moderne Taekwon-Do System
Entwickler der folgenden Hyongs:

Hangul-Hyong,	66	Bewegungen
Tae-Hyong,	63	Bewegungen
Kwon-Hyong,	42	Bewegungen
Do-Hyong,	72	Bewegungen
Hwanung-Hyong,	35	Bewegungen
Bonghwang-Hyong,	33	Bewegungen
Chong Do-Hyong,	37	Bewegungen
Chollima-Hyong,	87	Bewegungen
Samjoko-Hyong,	50	Bewegungen
Pusan-Hyong,	24	Bewegungen
Um Yang-Hyong,	45	Bewegungen
Samhan-Hyong,	46	Bewegungen
Mudo-Hyong,	38	Bewegungen

Wenn die Schüler ihre Techniken ordnungsgemäß durchziehen merken sie auch, dass das Training mit Erfolg verbunden ist. Nur so bekommt der Schüler einen klaren Blick für die aufeinander folgenden Techniken.

Es darf nicht vergessen werden, dass all das, was ich oben erwähnte, keine feindlichen Vorurteile sind, um Leser, die das Wort Taekwon-Do nur oberflächlich kennen, zu erniedrigen. Taekwon-Do ist in Korea entstanden und gleich der Koreanischen Geisteshaltung. Die Geschichte des „Do", die Jahrtausende zurückreicht, kann man nicht in ihrer Vollkommenheit niederschreiben.

Wer ernsthaft Taekwon-Do trainiert und nicht nur oberflächlich, wer im Jahr über 200-mal im Dojang erscheint und das Jahre lang, der wird bemerken, dass der Grundstein des Taekwon-Do nicht von heute auf morgen gelegt wurde.

Viele Unwissende besuchen den Dojang im Jahr gerade 70-mal, wenn überhaupt, und tun so, als ob sie das Wort Taekwon-Do kennen würden. In Deutschland gibt es davon Schwarz-Gürtler wie Sand am Meer.

Mir bleibt zu hoffen, dass treue Schüler dieses Buch in Erinnerung und Treue im Geiste festhalten.

Das Koreanische Taekwon-Do zeigt uns vom Grund her den Weg dazu, dass wir geistig und körperlich das richtige Gedankengut ergreifen.

Um ein wichtiges Thema zu erklären, ich habe „Das moderne Taekwon-Do System" entwickelt, weil das Wort Taekwon-Do für mich persönlich eine historische Bedeutung hat. Daher bleibt die Bezeichnung Taekwon-Do und ich nehme keinen anderen Namen. Gleich bleiben auch die fünf Disziplinen, die ich weiter trainiere.

Die 13. Hyongs, die ich bis jetzt entwickelt habe, haben mit jeder anderen Art von Taekwon-Do Formen nichts zu tun. Auch der Trainings Aufbau im DMTS ist anders. DMTS Hyongs und der Trainings Aufbau sind und bleiben mein Konzept, das ich unabhängig und frei umsetze, obgleich ich alle anderen Taekwon-Do Stilrichtungen respektiere und akzeptiere. Im Traditionellen Taekwon-Do gibt es aber ein Durcheinan-

der, d.h. keine einheitliche Prüfungsordnung, keinen gemeinsamen Trainingsaufbau, keine übergreifenden Richtlinien beim Formenlauf usw. Es ist offensichtlich: Durch viele unerfahrene Großmeister ging der wahre Trainings Genuss bereits verloren. Schade!

Um das Gesagte noch etwas zu verfeinern, möchte ich noch Einiges mit Blick auf den Titel dieses Buches hinzufügen, auch, um bestimmte Missverständnisse zu vermeiden, so dass der Leser oder Taekwon-Do Aktive in tiefen Gedanken die Helligkeit der Geisteshaltung versteht. Die Formulierung „Sitz des Geistes" ist in ostasiatischen Ländern etwas, was man eine umfassende Geisteshaltung nennt, die Dinge wie Erkenntnisvermögen, Emotionen und Erkenntniskraft mit einschließt. Das heißt, dass man mit Worten allein nicht die Wahrheit ausdrücken kann, nicht das Wissen um alle Dinge dieser Welt.

In dieser Geisteshaltung gibt es das nicht, dass man an den eigenen Vorteil denkt und auch nicht Hochmut oder Erniedrigung, Gut oder Böse. Bewegung führt uns zur Gesundheit. Das alles ist im „Do" zu finden. Man muss sich zurück setzen und Kontakt aufnehmen zum Sitz des Geistes durch Taekwon-Do.

Taekwon-Do Training ist und bleibt nicht nur ein Ausbildungsplatz sonder darüber hinaus ist es „Erziehung", da sich der Trainierende einer stabilen, hellen Geisteshaltung nähert und durch seine Erkenntniskraft dem eigenen Sitz des Geistes begegnet, dem weiten, reinen Ursprung des Lebens, dem Raum, wo nichts war. Es ist „leer" und trotzdem zugleich der Endstand aller Dinge dieser Welt. In diese Geisteshaltung versetzt man sich zurück. Taekwon-Do ist dafür ein deutlicher Wegweiser im Sinne des „Do".

Zurück zum Begriff „Erziehung". Wir Europäer verstehen den Bedeutungsreichtum oft nicht so ganz vollständig, wenn das Wort Erziehung fällt.

Wir verwechseln leicht das im Taekwon-Do Angesprochene mit der Erziehung der Eltern, doch diese hat nichts damit zu tun. Um es nochmal deutlich zu machen: Erziehung im Zusammenhang mit dem Taekwon-Do heißt all das, was im Dojang trainiert wird. Alles Praktische und Theoretische. Der echte Meister und Großmeister lehrt den Schülern all sein Wissen im Taekwon-Do Unterricht, also gehört auch die „Erziehung" hin zur Einsicht dazu, dass ein Ursprung in der Geisteshaltung liegt. Das heißt,

Taekwon-Do ist nicht nur ein Hobby, sondern es geht darum, sich selber anzustrengen, das Training ernsthaft hinzunehmen, so dass sich der Schüler mit der Zeit, in der er trainiert, durch das Erkenntnisvermögen zum Sitz des Geistes hin dehnt und sich damit auseinander setzt. Das ist Erziehung im Sinne des „Taekwon.Do".

Zum „Durchbruch des Geistes": Nach langer Trainings Erfahrung, einer Zeit, in der ich mich zusätzlich mit asiatischem Gedankengut beschäftigte, kam ich immer wieder in den wirklichen Trainings Genuss und zu einer Denkweise, die ich im Herzen als gute Gedanken spürte und umsetzte.

Das hat mich sehr geprägt. Taekwon-Do übt eine positive Anziehungskraft aus, die man spüren muss, weil man sie nicht mit Worten beschreiben kann.

Ich kann jedoch mein Bestes tun, um so gut wie möglich auch dem Leser diesen Genuss nahe zu bringen.

Besonders das „Dehnen" ist ein wichtiger Punkt. In kurzer Zeit schon habe ich bei intensivem Training bemerkt, dass ich mich immer mehr der koreanischen Geisteshaltung annähern kann, dass ohne Dehnen Taekwon-Do nicht erlernbar werden kann.

Denn insgesamt ist im Gefühl der Dehnung bereits die „Geisteshaltung" zu erfahren. Für mich war das spürbar und bereits echter „Genuss".

Das, was im Taekwon-Do umgesetzt wurde und zwar in jeder Bewegung, das heißt: während des gesamten Trainingsablaufes und durch alle fünf Disziplinen hindurch wirkend, ist auf die „Dehnung" angewiesen.

Gelenkig wird man nur durch das Dehnen und dafür braucht man eine enorme Willenskraft und lückenloses Durchhaltevermögen. Wie gesagt, geistig fühlte

ich mich als sei ich ein Koreaner; diese geistige Vorstellung hat mich immer wieder vorangetrieben.

Der Durchbruch des Geistes hat mich im Jahre 2000
in den Wachzustand erweckt. Ende 2004 war ich mit
meiner neuen Trainingsmethode fertig und nannte
meine Erfindung: Das moderne Taekwon-Do System.
Den Geist und den Körper trainieren. Dieses System
basiert auf vier elementaren Disziplinen.

Nüsrettin Ala im Alter von 54 Jahren
Mit Pituro-Chagi

Bild: Nüsrettin Ala, *Taekwon-Do Tae Hyong* Books
on Demand, Norderstedt
2. Auflage 2015 Seite 72

Die vier Disziplinen: Dehnen, Kondition, Schnelligkeit und Körperbeherrschung.

Ohne „Dehnen" ist Taekwon-Do nicht erlernbar.

Ohne „Kondition" sind Taekwon-Do Techniken nicht voll durchziehbar.

Ohne „Schnelligkeit" kann man sich nicht gut genug bewegen.

Ohne „Körperbeherrschung" gibt es keine Geisteshaltung.

„Das moderne Taekwon-Do System"
Warum das „moderne"? Die Verbindung und Verknüpfung zweier Welten in einer Geisteshaltung, die zum Einen ihren festen Sitz hat, also mit dem Ursprung.

Zum Anderen ist sie Bewegung. Durch Bewegung greift sie aus und setzt sich gleichzeitig zurück in den Ursprung, so dass durch eine geistige Willenskraft die Ursache begreiflich und ermöglicht wird.
Das aus dem Nichts Entstandene und der Weg zeigen uns, dass wir selbstständig werden durch Bewegung, die uns eine Geisteshaltung ermöglicht und uns alles zeigt – im Sitz des Geistes und als Durchbruch des Geistes.

Vor dem Ausführen die richtige Haltung

Den Geist und den Körper trainieren.

Zielgerichtet.

TAEKWON-DO

DAS MODERNE

SYSTEM

NÜSRETTIN ALA

Das moderne Taekwon-Do System
Schondorf am Ammersee, Oberbayern
Nüsrettin Ala 7. Dan

Das moderne Taekwon-Do System
Frickenhausen am Main, Unterfranken
Stefan Reinhard 2. Dan